JN418731

Lee Kye-Yeol

시인 이계열

유리공

시인 이계열/ 李季裂
1966년 강릉 출생
강릉대학교 국어국문학과 졸업
숙명여자대학교 대학원 국어국문학과에서 석사 · 박사 학위를 받음
2003년 『심상』으로 등단
시집 『하늘 바다 꽃』이 있음

유리공

지은이 | 이계열
펴낸이 | 설보혜
펴낸곳 | Poetics 시학
1판1쇄 | 2009년 11월 10일
출판등록 | 2003년 4월 3일
주소 | 서울 종로구 명륜동1가 42
전화 | 744-0110
FAX | 3672-2674

값 6,000원

ISBN 978-89-91914-74-2 03810

이계열 시집

유리공

Poetics 시학

■ 시인의 말

자연의 이치를 알게 한
자연인
당신이여

침묵의 노래였다고

2009년 10월

이계열 손모음

차 례

제2부

제3부

제4부

제1부

집 · 5

저물녘
홀로
창에 드니

옛사람
그리워라

소식 모르고
종적 그쳤으나

산목련
심경心經을 터뜨리고,

집으로 돌아갔음을 아네

불혹

바람이 지나갔음을 아네

달리 길 없음을 보았네

비구니 이마에 핀 꽃 아롱지어

제 가슴에서 날아가던 꽃잎

고왔네 그립기도 했네

벌과 가시내

붕붕 대는 게
저뿐이랴

꽃물 잊지 못해
들어서지 못하는 산
가시내

웅웅 날고저
삼천갑자 떠돌다 온 게
저뿐이랴

꽃분 미풍에 감겨
차마 떨치지 못하는 산
가시내

산수유꽃 피어날 때

산수유꽃 피어난 뜨락에서
봄이 하
이쁘다 이쁘다 합니다

이쁘다 하고 마는 당신
손에 넣지는 않는 당신

거기까지 오는데 얼마나 많은 시간이 흘렀을까요

꽃 그림자 질 때
앙상한 가지에 오래 머무는 당신
바람의 이마를 짚는 따뜻한 당신

초서草書

— 산에 사는 날에 답함

설악에서,
무슨 재미로 사느냐고 물어왔다

일색一色이 명월明月인데

울고 웃는 놈
까무러칠 줄이야

운판의 메아리로
세상을 밝힐 줄이야

연리지連理枝

한 말을 듣고픈 당신이
나를 세우고

간절히 듣고픈 당신이
어둠 너머 밀어를 속삭이던 거기

저리저 쟁쟁한 십현곡,

몇만 년의 슬픔이 굽어보시는가
정히 이울도록 받드시는가

관음觀音

— 너를 보낸다

아주 멀리

훨 훨 날아가렴

얘야

그래야 산다

아가

이쁜 아가를 안다

해당화 핀 길을 따라가면
만날 수 있는

키 낮은 꽃 속엔
똑, 그만한 울음이 피었어

꽃빛 물들지 않는
그림자

하늘정원

취하려니
떨치려니
흔들리는 가지의 꽃망울
바람의 적소的所에

산까치 울음이 삼킨
바람

꽃의
고요

하늘이
오시다

극락새 · 2

바람 불어와
꽃가지를 흔드니
새가 울다

설한,
달 뜨고 지는 자리를
물고 오다

연꽃 피우지 말고

꽃 피우지 않았는데
어찌 지랴

다만
연꽃 피우지 말고

창망히
당신의 말씀 조아려 듣다

사랑이 죄라서
영영 이별을 고하고
돌아오는 밤

꽃 피지 않았는데
어찌 지랴

그런
연꽃 피우지 말고

구름

구름의 떼들이 불사조였어요

노을에 묻혀 천천히 떠가는

그 위를 가로지르는 새 한 마리

구름도 새도 사라지고 하늘만 남았어요

작은 구름 떠오네요

바다나무

우리가 강이라면
저만치 흘렀으면 좋겠네

구름과 바람
그대로 굽이치다가

밤바다 적막에
스몄으면 좋겠네

바다나무 한 그루
물결 지으리

임

일생
바위 같은 사람 찾았더니
임이더라

눈귀코입 먹먹히 베어
침묵이더라

눈비 씻기우는 대로
천치이더라

산목련 벙그는 그늘 아래
툭, 꽃잎 지면
기척 없이 순장하는
적멸이더라

통리桶里

수수꽃대로 울지 마라

산집 바람으로 서 있지 마라

녹綠빛 물굽이로 망연히 묻지 마라

빈 집

인적 없는
빈 집이었네

황막한 바람이었네

한때
누군가 정든 집
웃음 가득 찼으리
때론
쟁쟁한 울음이었으리

오랜 삭풍에
온 구멍을 열어놓고
차마 눕지 못하는

빈 집
푸른 빈 집이었네

산

하늘이
한 밥상 받으셨네

하늘이
한 가슴 안으셨네

하늘이
한 무덤 거두셨네

공산空山

서풍이 불면
그 사람 좋겠네

청악사 뒤뜰
단감은 익고

물 차가우리

산까치 울음
문은 열리고

놀빛 가득하리

제2부

나의 시

외로움이 시인 줄 안다면 잠들지 못하리
시가 침묵인 줄 안다면 기도하지 못하리
침묵이 진언眞言인 줄 안다면 말을 잃으리
진언이 노래인 줄 안다면 시가 되리

귀명歸命

손 내밀어 도닥이는 마음을 보자

염소가 줄 없이 방죽을 오가듯이

발 내디뎌 다가서는 마음을 보자

강물이 쉼 없이 바다로 일렁이듯이

눈길 마주쳐 고이는 마음을 보자

노을이 구름 없이 산을 넘어가듯이

신앙信仰

사람이 꽃씨인 줄 알았더라면
사람이 불씨인 줄 알았더라면

나한정 고갯마루 울며 돌아나오지 않았으리

봄

슬픔이 차오른다는 거

동백꽃 피고 지는 일이다

눈물이 어룽거린다는 거

종다리 우짖는 일이다

숨죽임 놓아버린다는 거

한낮에 자고 깨이는 일이다

사랑의 말

광양 홍매화 보러 가는 이여

내 말이

당도하였음을

스쳐 지나치지 마시리

집 · 7

홀로 죽음을 맞는 사자와 같이 소식을 끊습니다
다만 어려운 일이 있어 집을 비운다고 말할 뿐
밤은 두려움 없이 흘러흘러 갑니다

머언 오지에서 눈 떴을 때 어머니는 곁에 와 계십니다
사지를 가로지르며 곱게 안착하는 새처럼
맑은 이마에 눈길 줍니다

얘가 착하게 사는데, 무슨 어려운 일이 있다는 건가
짐 부려놓고 떠난 허공의 집에서 어머니는 내내 되뇌었다지요
지금 마주한 첫인사도 그러합니다

매화 만발한 마을에 살아 돌아온 날부터 그렇게 밥 먹고 그렇게 잠듭니다

동백

보고프단 말
하지 않으리

눈바람에 꽃 피는 거
동백만은 아니리

보고프단 말
못내 하지 않으리

봄바람에 꽃 지는 거
차마 동백만은 아니리

흔들리다 흔들리다
잦아드는
일몰의 어둠 속에서
잎새는
달빛에 고요히 빛나리

유성流星

얘야, 말이 어질어 서울애들 어떻게 당할 거냐

얘야, 네 실속을 차리고 남에게 줘야지 그렇게 주기
만 하면 어떡하냐

얘야, 나 죽으면 누가 널 보살펴 주냐

생의 누더기를 기워 주셨던 어머니
어머니, 길 떠나지 못한 벽력 같은 세월

용소골

용소골 고개를
두 번 넘어요

태양은 친구
염소가 푸른 싹을 뜯고
오리가 하늘로 차 오르고

두 철 만에 만난 노보살
눈시울 붉어요 저절로
민들레 뿌리내리고 씨방 날려요

노을은 친구
배나무 자두나무 꽃 지고
무덤 풀 자라나고

여지껏 염소는 새순을 씹어요
긴 굴다리를 지나와요

초연超然

이만한 슬픔이 어디 있던가

시여 네 노래가 짧구나

꽃잎

떠 가는
꽃잎이 있네

그뿐인
꽃잎이 있네

중천
하늘을 베고 누워

흐르네

매봉산

뽕나무 땡볕 아래서
오디를 따먹으면

손끝 물들고
폭죽 같은 세상 별일 아니네

밤나무 그늘 아래서
천천히 거닐면

코끝 물들고
젖꽃판 같은 옛사랑 스칠 뿐이네

산마루 운무 아래서
높이 치어다보면

명치끝 물들고
산집 같은 꿈 명멸하네

꿈

딩하고 울리는 종이 있다

딩하는 소리에 너는 놀라더라

딩하고 울리는 소리에 놀라는 너는 누구냐

덩더쿵덩더쿵덩더쿵

하직

갈 길 아시고
산책길에 나서
긴한 말씀하셨던 분

그 길에
마라를 보이시고
따뜻한 손을 잡으셨던 분

부끄럼이 생인 줄 알지만

간곡한
미수의 당신 받들어

본분이리

청소晴韶

무조건 사랑하는

먹어라 먹어라가 주문인

철모르는 아이들이 개방구만도 못하게 여기는

이 다 빠진 호랑이 송곳니 잘 여문 감춘 입

한 말씀

세상에
꽃 안 피는 물건이 있나

소 치는 할아버지
처마 그늘에서 쉬시네

세상에
꽃 피는 물건에 손 안 가나

소 몰던 노사
너럭바위에서 쉬시네

집 · 8

새벽 도량을 거닐다가
수국 꽃숭어리에 그림자 들다

노스님 문 여닫는 소리 울리고
불 꺼진 대웅전 기척이 없다

수국 꽃숭어리에 들면
수국이 나인가 나가 수국인가

돌산 계곡물 넘쳐 흐르고
교교皎皎한 그림자 자취가 없네

제3부

달

달무리 사라진 밤은
좋아라

티끌 없이 비추는 밤은
환하여라

창에 어린 저마다의 몸짓은
허공꽃

영영
달무리 사라진 밤은
호젓하여라

신발

할아버지 신발 벗으셨네

둥근 주목나무 우듬지에 슬쩍 신발을 벗어 놓으셨네

햇살 고운 바람 불면 두둥실 하늘길 탈 것만 같네

평생 걸어온 발길이 허공을 짚자는 심사네 허공으로 뜨기 전 첫발을 띄워보자는 심사네

키 낮은 주목나무 공손히 떠받친 힘으로 깨끗이 마르겠네

할아버지 신발 벗어두고 어디 가셨나

유리공

유리공을 가지고 노는 사람은
술래가 아니네

아침에 눈 떠 새소리를 듣고
두 팔을 길게 뻗는다네

유리공을 가지고 노는 사람은
술래가 아니네

수만 송이 꽃으로 피어난 너에게
두 손을 활짝 펼친다네

유리공을 가지고 노는 사람은
사랑이라고
안녕이라고도
말하지 않네

푸른 하늘

흔들리지 않는 눈빛이었어요
물고기 요동치는 황금비늘 반짝임 같은 것

먼 수평선이 고요히 눈썹에 잠겨
갈매기 끼룩이는 한낮이었어요

이 이마를 적시고 뒤
부처 이마를 층층이 적시고

돌계단을 오르던 사람의 그림자는

흔들리는 눈빛이었어요
풀섶 순간 떨어지는 이슬방울 놀람 같은 것

고향을 찾아 떠돈 사람은
어떤 눈빛이라도

거기

영원한 푸른 하늘이 있어요

바보새

바보새
한 마리

날개 꺾고
하늘 한 번

강 건너 두고 온
매화 한 그루

청매야
푸른 울음 울지 마라

울음 나라

울음 나라엔
그대가 있네

가을비 내리는 천변에서

어디로 가는가
그대 울음 나라에 묻네

소식은 이미 당도하였으나
읽지를 않네

울음 나라엔 그대가 살고
그대가 없으니

울음 나라
아무도 갈 수가 없네

영생永生

고개를 돌려
이윽히 외면하였네

수천 갈래 파문이
그 한 모양이었네

너를 보는 일이 사랑이었나
끝끝내 돌리던 고개가
가없이 건너시던 사랑이었나

꽃길 자박이던 품이
네 발밑에 있음을
언제나 기억하라고

고개는
눈과 귀와 코를 지웠네

면목

제 목에
칼을 내리치네

목 없는 부처도
울음 다하지 못한 강이 있었는가

허공을 이고 앉았으니
죄 없네

면목 없으니
경배하네

이명耳鳴

부처님은 어디에 있어?

여섯 살 계집아이가
본 적 없는 증조부 증조모 앞에서 묻는다

성묘 온 아비는
저 뒷산 너머 절에 있다고 말하지만

난데없는
끝간 데 없는 물음은
먼 이명이었으리라

훗날 소리 구멍이 다 하리라

내 앞의 이명이
재재거릴 때

고향 들녘은
흰 벼꽃 떨군 알곡과 푸른 콩줄기를 주렁주렁 매달았다

상달

인도꽃을
본 적 있네

그 꽃 어여뻐
눈 감을 수 없네

눈물 어룽거리어 꽃향기
맡을 수 있네

목 메인 외롬이 사랑이라
말하고 싶은 밤

공중 부양의 꿈을 접어라
떠도는 길을 멈춰라

인도 꽃잎으로
흐르는 사람아

집 · 9

아프니 알겠다

돌아가신 분 아팠다는 것을

벗은 옷은 다시 입기 어렵고
입은 옷은 차마 벗기 어렵다는 것을

해거름 봇짐에 잘 익은 모과 한 그루

만추

아프다 말을 할까 보아
목울음 삼키고

긴 밤을 지켜보는 시월 열이레

꽃다지 이리 붉어 그랬나
고요 숨길 터지려 그랬나
관 밖 소식 당도해 그랬나

문을 서성이지 않는 시월 열이레

그림자 눕고 사라진 시월 열이레

그 사람

방울새
울다 갑니다

한참을
울다 갑니다

청맥 이파리
다 떨군 나무가

달빛에 걸리었습니다

하늘

여직 푸르른 걸 보면
너의 노래는 참 맑구나

눈꽃 떨구어도
그대로인 얼굴이

꽃비 흩날려도
여전한 얼굴이

왔다가 가는 마음이야
너를 닮았구나

아이

넘어진 아이에게
눈물은 한 알의 물방울이고

쓰러진 아이에게
울음은 한 줄기 노을이고

깨어난 아이에게
공중은 한바탕 여명이고

무릎을 세운 아이에게
새는 사라지는 한 점 빗금이네

집 · 10

저들도 그렇게 울었을 것이다

저들도 그렇게 웃었을 것이다

한 줌 모래집 붉은 벽을 뚫고

허랑허랑 쉰 소리 났을 것이다

명경

밭 갈던 농부
분필 든 자의 손에
다 있다

숭어 뛰노는 물
배꽃 날리는 산등성이
거기에 다 있다

명경을 지울래야 지울 수 없는
이 마당에서
무얼 손볼 일 더 있으리

악다구니는 악다구니대로
푸른 물결이리

제4부

흐름

길에 사람이 사라졌다는 것을 안다

할머니와 할아버지 그리고 많은 이웃들이 세상을 떴다

어머니와 아버지 그리고 나도 뜰 것이다

길이 텅 비었음을 알겠다

나이란자나강

시리디 시린 것은
슬픔이 아니네

시리디 시린 것은
외롬이 아니네

침묵 너머

발목 차오르던
살 에이던 나이란자나강이여

그대를 건너는 나이란자나강이여

님

적막한
고개와 어깨와 허리와 무릎과 손과

귀와 눈과 마음과

등뼈는
곱고 고즈넉하여

일만리
길을 잊네

미인

그토록 열망하던
너를 그리워해도
좋으리

사무치던
크나큰 평안이
너였음을 말해도
좋으리

발목을 고이고
듣는 울음이 네게서 왔음을

머언 하늘이
이목구비를 지우고

눈을 뜨리

안면도

안면도엔
편안한 얼굴이 낮잠을 자나

따순 햇살이 내리쬐는가

안면도엔
소식 없는 숨결이 파도치나

잔등 어루는 노을이 물드는가

멀지 않은 그 길로
기약 없이
누가 걸어 들어가는가

거울

서늘한 울음은
간단하고

간절한 울음은
적막하고

거기까지 갔다
돌아오는데

거울엔
그림자 없네

달 · 2

과녁을 벗어난 눈길은
얼마나 큰 허공인가

과녁이 없는 눈길은
또 얼마나한 허공인가

달아
고즈넉이 백매 만발한
달아

정동진

복사꽃 환한 저녁
그대 잘 있는가

밀물져 오는 푸른 말들을
가만히 눕히고

조등처럼 떠 있는

파도가 흩을 때
안부를 돌려 세우고

다만 그대 잘 있는가

복사꽃 환한 저녁

나무

누가
와 줄 것인가

살뜰히
짚고 가는 바람

꽃눈 터져 날리던
푸른 잎맥을

혼곤히
흔드시는 이여

참으로

바랄 게 그것밖에 없어

초복
문 열고 본다

단정히 앉은 몸뚱어리

너도
나목裸木이거라

바랄 게 그것밖에 없어

맞바람
문 열고 나앉을 뿐이다

인가人家

사랑도
죽음도
숨막히는 일이라

대청에 쪼그리고 앉은 구순 노부부

사랑도
죽음도
숨찬 일이라

입이 써 쓴 익모초 캐어 온 이름 모를 노부부

신열로 꿈 깬 그림자
저으기 맞잡고

숨쉬기 어렵다 어렵다 말하는데

여우비 내려

쑥대머리 고랑을 한달음에 내달려 돌아왔다

쿠시나가라

모로 누운
당신 발 앞에서

울음 강 흐르네

간곡히
허물어지고 앉나니

쿠시나가라
적멸꽃이여

모로 뜨는
당신 미소 곁에서

울음 강 꽃빛 흐르네

샘

퍼내어도 줄지 않는 샘처럼

넘치는 두레박처럼

다 하늘을 뜨는구나

찰랑 소리에 흩어지는 구름조각

물결 파문이 잦아들면 떠가는

언제나 긴긴 줄에
하늘 구름 두레박 물이 걸리었구나

부교浮橋

외로운 사람의 소리가
건너오면
말없이 뜨리

출렁이는 사지를
벗고
고요마음으로 뜨리

노을진
숲의 적막을 안고

해조음 가득한 섬
바다로 뜨리

누구나 밟는 꿈
물결
한없으리

숨

저 꽃의 향기를 무엇이라 하나

저 수초의 일렁임을 무엇이라 하나

소리의 천공 빛 터짐
천리를 내달아

아 저 강물살 주름을 켜켜이 무엇이라 하나

숨 · 2

지는 것이 어찌 꽃뿐이랴

숨
지다

지는 것이 어찌 한 떨기 꽃뿐이랴

삭정이 무릎을 꺾고
숨
지다

삭풍 한숨 몰고 와
피고 지는 게 어찌 저 한 송이 꽃이랴

부교浮橋 · 2

머언 불빛을
밤 부교 위에서 보면
앉으나 서나 걸으나 다
한 바다임을 알겠네

한순간
온몸 가볍게 뜨는
고요한 평온이
생의 부력임을 알겠네

저 바다
저 생을
아무도 오시지 않는 손님을 맞듯이
공손히
따뜻한 손은 놓여 있네

눈물과 선禪 사이

최 명 길

(시인)

시인 이계열의 시는 미묘하다. 단순하나 단순하지 않다. 언뜻 보면 아주 단선적이지만 가만히 들여다보면 볼수록 오래된 우물 속 벽 같은 울림이 있다. 한 주제에 유치찬란한 수사의 옷을 입히는 게 요즈음 젊은 시인들에게 유행처럼 번지고 작시의 한 본보기로 굳혀가고 있으나, 같은 젊은 시인인 이계열에게서는 도무지 그런 낌새를 느낄 수 없다. 오히려 더욱 단화시켜 냉혹하리만치 맑고 여리게 응축한다. 무반주 명상곡처럼 가늘고 단선적이고 옅은 수묵빛이라 할까, 하는 게 이계열 시의 한 특징이라면 특징일 수 있다.

떠 가는
꽃잎이 있네

그뿐인
꽃잎이 있네

중천
하늘을 베고 누워

흐르네

—「꽃잎」 전문

시「꽃잎」은 '네'로 끝나는 짧고 단선적인 구조를 띤다. 그러나 끝 독립 연 단 한 낱말 '흐르네'로 인해 단조로움은 갑자기 협화음으로 바뀐다. 꽃잎에서 별안간 물소리가 들려오는 것이다. '흐르네'가 개울물을 불러들여서다. 개울물이 시행에 들어와 자리 잡지 않아도 물소리를 들을 수 있는 시가 바로 시「꽃잎」이다. 이렇게 보았을 때 3연의 "중천/ 하늘을 베고 누워"는 물에 담긴 하늘임을 알게 되고 비로소 '물 속 하늘을 베고 누워 흘러가는 한 잎 가녀린 꽃잎'의 미묘를 노래한 시가「꽃잎」이라는 시임을 깨닫게 된다.

시인 이계열의 시가 모두 이러한 즉물적인 자연현상의 미묘를 노래한 것은 아니다. 자연물이나 자연현상이 즉좌 대좌를 통해 마음 저 안쪽에 웅크린 자아와 타자와의 조우를 시도하고 있기도 하고, 고적한 자신을 노래하기도 하고, 시가 곧 진언임을 천명하기도 한다.

손 내밀어 도닥이는 마음을 보자

염소가 줄 없이 방죽을 오가듯이

발 내디뎌 다가서는 마음을 보자

강물이 쉼 없이 바다로 일렁이듯이

눈길 마주쳐 고이는 마음을 보자

노을이 구름 없이 산을 넘어가듯이

—「귀명歸命」 전문

바람이 지나갔음을 아네

달리 길 없음을 보았네

비구니 이마에 핀 꽃 아롱지어

제 가슴에서 날아가던 꽃잎

고왔네 그립기도 했네

—「불혹」 전문

외로움이 시인 줄 안다면 잠들지 못하리
시가 침묵인 줄 안다면 기도하지 못하리
침묵이 진언眞言인 줄 안다면 말을 잃으리
진언이 노래인 줄 안다면 시가 되리

—「나의 시」 전문

「귀명」의 경우 시 속의 그는 손을 내밀자고 한다. 발을 내어 딛자고도, 눈길을 마주치자고도 한다. 그것은 곧 웅크려 있던 자아를 다독여 타자를 향해 가자는 호소다. 이웃을 향한 손짓이기도 하다. 현대가 아무리 달팽이집 속과 같은 경계 안으로 인간을 밀어 넣어 단절시킨다 해도 이웃은 구원의 존재들이다. 그런데 시 「귀명」에서는 '염소' '강물' '노을' 을 보는 순간 그런 마음이 생겼다는 데 특이성이 있다. 자연 사물을 대좌하는 순간 '손' '발' '눈' 이 타자를 향해 작용한 것이다. 곧 자연이 시 속의 그를 자극시켰다고 볼 수 있다. 여기에 목숨을 향해 돌아간다는 불가의 용어 '귀명歸命' 을 굳이 차용해 온 것을 보면 남 대하기를 목숨같이 한다는 보살도의 정신이 암시돼 있다고도 보여진다. 이렇듯 바깥세상을 향한 소박한 기원의 시가 「귀명」이라면 「불혹」은 내면을 향한 정갈한 깨침의 시라 할 수 있다.

시 「불혹」에서는 불어 지나가는 바람을 보고 "달리 길 없음을 보았네"라고 말한다. 길이란 뭔가? 한 인간이 태어나 생을 헤집어 가는 과정이 길이다. 인생의 중허리인 '불혹' 은 한 인간의 생애 중허리로서 고비라 할 수 있다. 그 고비에 이르러 "달리 길 없음" 을 자각했노라고 시 속의 '나' 가 중얼거린다. 그리고 나는 '진언' 을 찾는 시적 구도자가 된다. 그런데, '진언' 을 규정한 「나의 시」에서 우리의 눈길을 끄는 것은 '외로움' 을 넘어 '침묵' 에 이르러야 '진언' 을 들을 수 있다는 것이다. 그리하여 시가 침묵이고, 말 않는 침묵 속에 진언이 있다고 토로하고 침묵인 진언이 노래요 시라고 말한다. 그러니까 시는 인간의 내면 속에 깃들인 가장 진솔한 진리의 말씀을 담은 그릇이라고 스스로 시에 대한 자신의 입장을 밝힌다. 시 곧 진언이라는 게 시인 이계열이 세상에 대고 천명하는 시관이다.

아무튼 이런 가늘고 단선적인 시적 경향은 시인의 첫 시집 『하늘 바다 꽃』에 이미 드러나 있다. 「절명」·「허공꽃」·「소식에 부쳐」·「달밤」·「아가」 등만 놓고 보더라도 그렇다. 그 가운데서 시 「달밤」을 보자.

> 순정한 눈빛을
> 속눈썹에 감추고
>
> 속눈썹을 고요히
> 몸 그림자에 실어서
>
> 그대 모르게
> 나는 왔네
>
> ―「달밤」 전문(『하늘 바다 꽃』)

'속눈썹 안에 순정한 눈빛을 감추고 그 속눈썹을 몸 그림자에 실어서 그대 모르게 왔다' 고 시 속의 '나' 가 소곤거린다. 시 속의 '나' 는 여러 정황으로 미루어 보았을 때 여인이다. 여인이라 해도 참으로 지순한 정감을 지닌 여인이라 아니할 수 없다. 이런 마음을 간직한 이가 요즈음 세상에 어딘들 있겠는가. 그렇지만 불과 한 세대 전만 해도 우리 여인네의 그 속눈썹 속에는 이런 순정함이 남아 있었다. 그건 거의 생래적이었다. 이로 미루어 보았을 때 시인 이계열의 낮고 여린

정서적 고리는 거의 생래적이라 할 수 있다. 이런 생래적인 순정성은 이번 시집 『유리공』에도 그대로 이어져 내려오고 있다.

가끔 강릉 하늘이 떠오른다. 강릉에는 글쓰는 이들이 많다. 시인 엄창섭 · 남진원 · 심재상이 그곳에 살며 시를 쓴다. 그리고 다른 한 사람 이계열 시인이 강릉 하늘 아래서 시를 쓴다. 글쓰는 이들이 대개 그렇듯 나 또한 이계열 시인을 글을 통해 알게 됐다. 발표한 시를 접하면서 알고 만난 것이었다. 만났다고는 했지만 딱 한 번이었다. 몇 년 전 정동 등명낙가사에서였다. 마침 송준영 시인이 주간으로 있는 『시와세계』 에서 주관한 '선시포럼' 이 열렸고, 거기서 전혀 뜻하지 않게 이계열 시인을 만났던 것이다. 첫 시집을 받아 읽었던 터라 첫눈에 알아보았고, 보는 순간 시인 이계열은 무엇보다 겸손하고 조용하게 시에 집중하는 시인임을 알아차렸다. 저러한 느낌은 몇 차례 서신을 주고받으면서 더욱 굳어졌고, 시인 이계열의 시심에 촉기를 틔워준 비평가 박호영 교수도 언젠가 내게 그 여린 성품에 대해 귀띔한 적이 있었다. 말하자면 시인 이계열에게서는 본성 자체가 유난히 맑은 이들에게 나타나는 아우라 같은 게 어렸다.

사실 사람이 이 세상에 처음 나왔을 때에는 누구나 한량없이 여리고 선량하다. 하지만 삶이 두터워지고 쌓여가고 세상을 향해 한 걸음 한 걸음 발걸음을 떼어 놓다 보면 때묻어 초췌해지고, 얼룩지고 상처가 생겨 영악한 전혀 엉뚱한 존재로 돌변해 버리고 만다. 세상이 주물럭거려 사람을 그렇게 만들어 버린다. 시인 이계열은 달랐다. 생래적인 처음의 순진성 그대로의 시인인 것이었다. 시인 이계열의 시가 여리고 맑아 단선적이라면 바로 이런 순정한 진정성이 한 원인일 수 있다. 시를 더 보기로 한다.

> 홀로 죽음을 맞는 사자와 같이 소식을 끊습니다
> 다만 어려운 일이 있어 집을 비운다고 말할 뿐
> 밤은 두려움 없이 흘러흘러 갑니다
>
> 머언 오지에서 눈 떴을 때 어머니는 곁에 와 계십니다
> 사지를 가로지르며 곱게 안착하는 새처럼
> 맑은 이마에 눈길 줍니다
>
> 얘가 착하게 사는데, 무슨 어려운 일이 있다는 건가
> 짐 부려놓고 떠난 허공의 집에서 어머니는 내내 되뇌었다지요
> 지금 마주한 첫인사도 그러합니다
>
> 매화 만발한 마을에 살아 돌아온 날부터 그렇게 밥 먹고 그렇게 잠듭니다
>
> —「집 · 7」 전문

「집 · 7」은 한 장의 엽신과 같은 시다. 집을 비웠고 홀로 오지에 들어가 죽음을 맞는 사자와 같이 일체를 끊는다. 눈을 떴을 때에는 어머니가 와 계신다. 시 속의 나는 "사지를 가로지르며 곱게 안착하는 새처럼/ 맑은 이마에 눈길"을 준다. 여기 '맑은 이마'는 곧 어머니의 이마일 것이다. 무슨 "어려운 일"이 있기는 있었던 모양이다. "사지를 가로지르며"라고 한 걸 보면 '사지死地'가 그 어려운 일의 본체일 듯도 하다. 시

속의 '나' 가 꼭 시를 쓴 이와 동일하다고는 할 수 없지만 시의 분위기를 보아서는 연민에 가득 차 있다. 꿈속일는지 모르겠으나, 이런 일을 당하는 걸 보면 혼탁한 세상살이를 배겨내기 버겁게 보일 수밖에 없다. 여북하면 이런 '나' 를 두고 시 속의 어머니가 "나 죽으면 누가 널 보살펴 주냐"(「유성」)고 걱정까지 하겠는가. 한데도 시인의 이런 여린 순정성은 불변이다. 오히려 "바랄 게 그것밖에 없어// 초복/ 문 열고 본다"(「참으로」)라고 하고, '울음 나라' 를 기웃대는 '바보새' 가 되어 버리고 만다.

울음 나라엔
그대가 있네

가을비 내리는 천변에서

어디로 가는가
그대 울음 나라에 묻네

소식은 이미 당도하였으나
읽지를 않네

울음 나라엔 그대가 살고
그대가 없으니

울음 나라
아무도 갈 수가 없네

—「울음 나라」 전문

바보새/ 한 마리// 날개 꺾고/ 하늘 한 번// 강 건너 두고 온/ 매화 한 그루// 청매야/ 푸른 울음 울지 마라

—「바보새」 전문

그렇지만 '울음 나라' 로는 갈 수 없다. 울음 나라엔 그대가 있어 날아가려 했지만, 알고 보니 그대는 울음 나라에 없다. 그래서 바보새는 날개 꺾고 하늘 한 번 휘 돌고 절망에 빠진다.

그러고 보면 시인 이계열의 이번 시집 속에는 유독 울음이나 눈물과 같은 직정적인 낱말이 19편의 시 속에 나와 있어 그 쪽으로도 시선을 머물게 한다. 울음도 다양하다. '쟁쟁한 울음'(「빈 집」) '푸른 울음'(「바보새」) '목울음'(「만추」) '듣는 울음'(「미인」) '서늘한 울음, 간절한 울음'(「거울」) '울음강'(「쿠시나가라」) '그만한 울음'(「아가」) '울음 다하지 못한 강'(「면목」) '눈물은 한 알의 물방울'(「아이」) 등을 두고 보아도 그렇다.

울음이나 눈물에 대한 이러한 집착은 이계열 시의 실마리를 풀 중요한 한 단초가 될 수 있다. 이계열 시인의 시뿐만이 아니다. '눈물을 짤 때'(「여우난 곬족」· 백석) '구슬피 울음 운다'(「玩花衫」· 조지훈) '마구 눈물이 쏟아지려'(「寒天」· 김남조) '눈물이야말로 알 중의 알'(「눈물」- 알 · 16」· 정진규) '물보다 더 맑은 눈물'(「모래내」· 천양희) '망설임을 대신하던 눈물들아'(「빈집」· 기형도) '네가 울며'(「기다린다는 것에 대하여」· 정일근) 등 시집을 펼쳐 들다 보면 멀잖은 곳에 '울음'이 있고 '눈물'이 놓여 있다. 울음이 뭐고 눈물은 또 무엇이길래 그런가. 울음은 고조된 감정의 가장 정결한 상태

이고 눈물은 거기 아롱지는 성결한 물방울이다. 눈물은 순수의 절정에서 어찌해 볼 도리가 없을 때 핑 돌며 나온다. 그러므로 눈물은 순수 절대계를 상징한다 해도 틀린 말은 아닐 것이다. 이렇게 보았을 때 시인 이계열의 시 속의 울음과 눈물물의 의미는 시인 이계열의 내심을 에워싼 순수 정결한 마음상태를 담아내는 방편에 다름 아닐 듯하다.

그렇다 해도 '울음'이나 '눈물'이라는 낱말을 너무 자주 등장시키다 보면 자칫 측은에 떨어질 수 있다. 다행히 이번 시집에서는 이런 시적 인식의 바탕 위에 단호하고 청정한 자아를 투영해 선禪 쪽으로 방향을 틀어 이를 벗어나려고도 했다. 「초서草書」와 「유리공」이 우리의 관심을 끄는 것은 이 때문이다.

설악에서,
무슨 재미로 사느냐고 물어왔다

일색一色이 명월明月인데

울고 웃는 놈
까무러칠 줄이야

운판의 메아리로
세상을 밝힐 줄이야

—「초서草書 - 산에 사는 날에 답함」 전문

유리공을 가지고 노는 사람은

술래가 아니네
아침에 눈 떠 새소리를 듣고
두 팔을 길게 뻗는다네

유리공을 가지고 노는 사람은
술래가 아니네

수만 송이 꽃으로 피어난 너에게
두 손을 활짝 펼친다네

유리공을 가지고 노는 사람은
사랑이라고
안녕이라고도
말하지 않네

—「유리공」 전문

「초서」는 보는 바와 같이 '산에 사는 날에' 에 대한 답시 형태를 띠고 있다. "그제는 한천사 한천스님을 찾아가서/ 무슨 재미로 사느냐고 물어보았다/ 말로는 다 말할 수 없으니 운판 한번 쳐보라, 했다// 이제는 정말이지 산에 사는 날에/ 하루는 풀벌레로 울고 하루는 풀꽃으로 웃고/ 그리고 흐름을 다한 흐름이나 볼 일이다"(「산에 사는 날에」 부분 · 조오현)

시인은 바로 이 구절에 대해 화답한 것이다. 수행선사의 시에 대한 젊은 시인의 화답이다. 한데 "운판 한번 쳐보라"는 무언가. 언어멸절 불립문자의 딱 부러진 정신세계의 표출이자 화두이다. 이에 대해 "운판의 메아리로/ 세상을 밝힐 줄이야"라고 화답한다. 메아리가 세상을 밝힐 수도 있겠으나 다소 엉뚱하다. "하루는 풀벌레로 울고 하루는 풀꽃으로 웃고"는 또 뭔가. 생활을 넘어선 자의 조촐한 일상사다. 하지만, "울고 웃는 놈/ 까무러칠 줄이야"로 답해 아닌게아니라 다소 웃음기가 돌게 한다. 어쨌거나 두 시가 이렇듯 교감하듯 화답을 하니 자못 흥미롭다.

「유리공」은 내외명철하다. 안팎이 명철한 이 세계는 선사들이 추구하는 고도로 정제된 정신세계다. 그렇지만 "유리공을 가지고 노는 사람은/ 술래가 아니"라고 두 번이나 연거푸 강조한다. 무슨 일일까. 답은 없다. 다만 "아침에 눈 떠 새소리를 듣고/ 두 팔을 길게 뻗는다"와 "수만 송이 꽃으로 피어난 너에게/ 두 손을 활짝 펼친다"일 뿐 까닭이 드러나 있지 않다. 굳이 설명하지 않아도 되는 것 아니냐고 반문하는 것 같다.

이런 모양새의 시는 더 있다. 「극락새 · 2」나 「연꽃 피우지 말고」와 「봄」 등이 그런 부류에 속한다 할 수 있다. 다음 시도 이 범주에 든다.

취하려니
떨치려니
흔들리는 가지의 꽃망울
바람의 적소的所에

산까치 울음이 삼킨
바람

꽃의
고요

하늘이
오시다

—「하늘정원」 전문

「유리공」이나 「하늘정원」은 다만 그렇고 그럴 뿐인 것이다. "심정무분별心淨無分別 유여태허공猶如太虛空"(『화엄경』·입법계품)이라 했으니, 마음이 맑아져 허공같이 된 상태를 무심결에 읊조린 것인지도 모를 일이다. 이런 세계에 대한 천착은 앞으로 연륜을 더해 가면서 시인으로서 시를 통해 이계열이 안아들이고, 넘어서야 할 하나의 과제다.

그렇다면 시인 이계열의 시의 자리는 어디쯤일까? 꽃잎 베개인 하늘일까? 울음 나라를 향해 날아가는 바보새의 꺾인 날갯짓 소리 어디쯤일까? 술래가 들고 노니는 투명한 유리공 속일까? 하늘에도 날갯짓 소리에도 유리공 속에도 시인 이계열의 시는 없다. 생각컨대 이 천진스러운 시인의 시는 바로 그 모든 것 속에 자리하고 있다. 그러나 어찌 보면 시인 이계열의 시는 눈물과 선禪 사이를 아슬아슬하게 타고 앉아 세상을 굽어보고 있지 않나, 싶기도 하다.